PEJZAŽ, LJUBAV, DUH

ZVONIMIR LEŠIĆ

Pejzaž, Ljubav, Duh

Zvonimir Pjesnik

Published by Zvonimir Pjesnik, 2023.

PEJZAŽ, LJUBAV, DUH

First edition. November 20, 2023.

ISBN: 979-8223882732

Written by Zvonimir Pjesnik.

Tišina je oko mene... odbijam je,

jer su moje misli daleko odlutale

Tišina je oko mene... odbijam je,

jer su moje misli daleko odlutale

Zvonimir Lešić

Pripremila : Jadranka Varga Uredio i obradio: Nenad Grbac

BIOGRAFIJA

Zvonimir Lešić rođen je 09.04.1983. u Vinkovcima, a dolazi iz slavonskog sela Podgajci kod Gujne. Srednju školu je završio u rodnom gradu, a pisanjem se počeo baviti od svoje 16. godine.

Do sada je objavio jednu zbirku pjesma „Ljubav na dar" 2006. godine, to su pjesme koje su bile mladenačkog duha. Ozbiljnijim pisanjem počinje od 2014. godine. Osim što Zvonimir piše pjesme, on ih voli i pjevati pa je tako 2017. snimio svojh šest autorskih dijela i stavio ih u HDS ZAMP bazu autora u Zagrebu gdje danas i živi. Tamo se povremno bavi pisanjem, skladanjem i pjevanjem svojih pjesama i tekstova.

Zvonimir još i piše kratke priče, a pisanje mu je velika radost sreća i dar.

PEJZAŽ

IZGLED OBLAKA

Oblaci po nebu putuju razlijevaju se
kao boja na papiru pa nestanu
nitko ne zna kuda, dok ih promatram
pretvaraju se u svakakva bića, u razne stvari,
radosni su kad su bijeli i tužni kad su sivi,
samo ih ne volim kad su crni i oblak je biće
po izgledu mu vidiš raspoloženje.

DIVAN DAN

Budim se
na prozor sunce kuca, da mi kaže „dobro jutro" i zaželi sretan dan,
a ja izlazim iz kuće, da razgledam svijet što me okružuje.
Svatko svojim putem putuje pa tako i ja
okrenem se oko sebe i već podne je,
sa crkve zvona zvone, dok šetam ulicama pozdravljajući ljude,
prijateljima svojima dolazim, a oni mi opisuju događaje
u ovome danu.
Evo i večeri...
ulična svjetla se pale polako dan odlazi kraju stvarno, zbilja,
bio je divan.

AUTIĆ
Stigao sam u trgovini sa tatom svojim
kad na polici jedan autić stoji.
Rekao sam tati:
„Bit ću tebi dobar, samo meni kupi baš autić ovaj."
Na to će mi tata
„Slušaj, sine,
malo nisi bio dobar, zločest si ti stalno."
„Ali slušaj, tata, od srca ti velim,
bit ću stalno dobar, jer taj autić želim."

JESENSKI DAN U OVOM GRADU
Tiho kročim ulicama ovog malog grada
pa dolazim do Bosuta tada.
Polako prilazim do jedne lampe koja nasred grada stoji,
polako sjedam, gledam ljude, tradiciju, običaje ovog grada što jesen
donosi tada.
Građani grada na Bosutu sjećaju se prošlosti i običaja koji su nekad
bili.
Nakon toga
povorka gradom hoda, sudjeluju folklorne skupine cijele Lijepe naše.
Ovaj događaj što sam vidio
ima prekrasnu sliku ovog grada, taj jesenski dan
tako je brzo prošao, a ja, vjerujte mi, zadivljen sam ostao!

KINDER JAJE
Kupit će mi tata jedno Kinder jaje, ako ne bude dreke ni galame.
Zato ću mu biti dobar svakog dana, jer želim od tate
to dobiti tada.
Rek'o mi je tata
kad je doš'o s' posla:
„Evo, tebi sine, jedno Kinder jaje, jer nije bilo
dreke i galame."

KIŠA
Čujem je kako pada osjećam njenu svježinu
i miris me njen osvježava, od nje se ježim,
od nje se rashlađujem ona pada pa pada
sve jače i jače polako prestaje i odlazi dalje
kao slijepi putnik.

KRAMPUS

Rogovi na glavi, strašan kao vuk, puna torba šiba, lanci oko vrata.
Zvecka krampus svoj zločestoj djeci kada stave čizmicu u prozor svoj, dobit će od njega
šibu od metar i pol.
Svi ga se boje, jer je strašan,
a krampus zločest kao i oni, šiba u prozoru
zato će da stoji.

LIST
Krošnju drveća lišće krasi, polako vjetar
počinje da je njiše, jače sve jače vjetar nanese oblake crne
i nebo se otvori, počelo je da plače od svega lišća
sa drveta samo je jedan
tragično završio. A kako?
Zato što nije imao sreće.

LAĐA

Plovi morem jedna lađa i nestaje u daljini, valovi je nose
sve dalje i dalje, nema joj spasa, nema joj nade.
More je pobjesnilo
i hoće da je proguta, lađa se hvata
za slamku spasa boreći se za život.
Odjednom nadletješe galebovi bijeli
njihovi krikovi uplašiše more
pa lađa polako pluta i pravim putem
sad ne luta,
stiže do mirne luke tamo gdje pripada.
Zašto je tamo stigla? Zato što nije nadu gubila.

LOPTA

Skače lopta hopa, hopa svakog dana strah je spopa.
Ne zna kuda da krene, da bi stigla
na školske terene.
Puno puta jako skoči pa se odmah
jadna smoči.
Na podu je spavala jedna mala igla
i lopta se odmah probušila.
Tužna tada pođe svojoj kući
i znala je,
mama će je tući.

LJUBIČICA
U jednom vrtu cvjeta ljubičica
i pokazuje ljepotu sa svojih latica.
Bila je ona zlatno žute boje
pa govori tulipanu sada riječi ove.
„Tulipane, prijatelju dragi, ti se meni sviđaš,
a ja tebi, da li?"
Odgovara tulipan:
„Ljubičice moja, najviše na tebi sviđa mi se boja."

MJESEC
Noć je pala, a na nebu
on je prijatelj moj, svoje zrake pušta i obasjava Zemlju,
svaki trag mogu vidjeti, svaki kut dvorišta mog, dok on sja tako predivno i raduje me
što mi obasjava put života.

MORE

Plavo divlje mirno beskrajno
puno života galeb mu je prijatelj brod putnik
čovjek promatrač... to je more.

NEBO

Pala noć, sve je crno

zvijezde su se popele na njega.

Pogledam gore i vidim to je tako prekrasno, a ujutro sve je plavo nekada magla,

a nekada sivo.

To je nebo što nam je Bog dao.

OBLACI
Počinje dan
i polako se sunce penje na nebo, vuče oblake
kao svoju djecu,
a oni nikako neće, da idu, jako su lijeni ne slušaju,
neće pa se ljute,
kad odjednom vjetar kao otac strogi svojom snagom potjera ih,
oni izađoše,
ne baš raspoloženi...
Kad sam to vidio znao sam,
da neće biti lijep dan!

PARK

Tmurno nebo kiša kaplje, sipi, rominja, a ja šetam po asfaltu kao lutalica
i gledam park kroz koji kročim, naslanjam se
na lampu koja sja slušajući ptica pjev.

PORUKA

Ptice su sletjele,
i pjesmom su svojom rastjerale tišinu, njihova pjesma
kao da mi govori neku poruku,
da je život
radost, veselje, sreća i da uzmem od njega sve što mi pruža
i živim kako hoću.

PLANETA
U svemiru beskrajnom planeta je mnogo,
ja pišem pjesmu planeti Zemlji na kojoj svega
i svačega ima,
a najviše bih volio, da ima mira.
Zemlja je okrugla kao lopta mala,
okreće se oko svoje osi pa nastaju
jutra, dani, noći.
Vjerujem da nam je Bog tu planetu dao,
da mi ljudi njom upravljamo, prirodu, oceane, šume, mora, polja i
dva pola.
Mi ljudi čuvati je ne znamo
jer čovjek samo uvijek želi više, uvijek više, a nekad i previše
pa moramo čuvati ono što je naše, boriti se protiv svakog zla
i pomagati jedni drugima.

Ne smijemo gubiti nadu i strpljenje, to je pravi doprinos za spas planete Zemlje.

PRAŠČIĆ PERO
Bio jedan praščić zvao se Pero
u svinjcu je stalno, stalno, stalno jeo.
Različit je bio
od dugih praščića, jer je bio mršav poput malog štapića.
Njegovu mamu to brinulo je jako što praščić Pero
k´o klokan je skak'o.
Pa ga njegova mama odvede veterinaru, da otkrije tu njegovu groznu,
groznu manu.
Veterinar nije znao u čemu je stvar
pa mu reče:
„Pero, smjesta idi van."

PRAZNICI

Djeco moja draga, govorim vam ovo stigli su nam praznici, sa školom je gotovo.

Nećete više morati nositi svoje torbe, već se stalno igrati sve do mile volje.

Imat ćete više vremena za spavati, ali nemojte svoje roditelje zafrkavati.

Zato, igrajte se stalno, a kada počne škola, stići će vam knjige,
bit će više učenja, ali manje igre.

PREDVEČER
Oblaci se navukli kao paravani
na prozore, vjetar tiho piri kao da donosi neku vijest, lipe u parku
pustile svoju kišu, ljudi šetaju
i polako se pripremaju za nadolazeću noć koja će tako
spokojna biti.

PRIČA

Ulice su mračne, putovi su pusti samo jedno svjetlo u daljini sja.
Pored toga svjetla priču pišem ja
od koje zastaje dah.
U toj priči napeta je radnja
puna droge i kriminala.
Završavam priču
i odlazim sa tog mjesta daleko u mrak.

PRIJATELJU
Ruku mi pruži, prijatelju moj, povedi me sa sobom u daleki svijet,
da obiđemo sve kontinente, da vidimo
sve što nam
ovaj svijet pruža, da tulumarimo od jutra do noći, a kad bi se
sve ovo dogodilo, znao bih da imam pravog prijatelja.

PROLJEĆE
Šeta proljeće livadama, rasipa svoje čari, lastavice i rode
u jatu se vraćaju, cvijeće cvjeta
i širi miris čaroban, trava raste
i zelenom bojom uljepšava okoliš, ljudi obrađuju polja, vrtove i njive,
novi život se rađa.

ROLE

Na njima sam stalno skoro svakog dana, to je meni stvarno jedna velika mana.

Puno sam puta ja pao sa njih

moram da se trudim, da na njima jurim.

Sada sam sretan što na njima jurim neću više morati nigdje da se žurim.

SELO MOJE
Selo moje malo,
to je tada bilo davno, kada sam šetao oranicama tvojim
i znao sam,
nikog se ne bojim.
Tu je bilo puno nas
zbog toga sam ponosan, ali danas je došlo vrijeme kada moram da
krenem kao i mnogi mladi,
jer su došli drugačiji dani.
Nikad ne znaš kuda te život nosi!
Kad sam stig'o u tuđinu, misli su mi u zavičaju,
a nostalgija je toliko jaka i čežnja, ta čežnja
u srcu mi gori, selo moje malo, jako te volim.

SLAVONIJA U SRCU
Dome djeda, oca pa i brata mog, tvojim stazama predivan je hod.
Tu sam rođen
i tako mi je drago što sam tvoje dijete,
Slavonijo, ti si meni sveta pa se divim tvome kraju mom predivnom
zavičaju.
U duši mi Slavonija, u srcu nostalgija, to je tako jako
i granica nema, a ljepotu tvoju opisat' ne mogu, zato, hvala,
hvala dragom Bogu.

STVARNO JE OK
Njišu se krošnje drveća u parku i polako cvijeće daje svoj sjaj.
Boje se igraju
kao djeca na travi, to je stvarno
raj pravi
Krenem ulicama dugim putem koji svoga
kraja nema.
Ljudi idu
svatko svome cilju stalno žure, žure
kao da je kratak dan.
Dok hodam, ja promatram
sve što se ovdje zbiva, stvarno je zanimljiva ova okolina.
Ubrzo ću uploviti u nju i biti dio nje, atmosfera je prava
i stvarno je OK!

TABLET
Ušao sam sa mamom u trgovinu jednu
i vidio tablet, svoju veliku želju.
Odmah sam stao gledati u njega
i rekao mami:
„To mi baš treba."
„Pa, neka tako bude", na to će mi mama:
„...ali nemoj na njemu biti svakog dana."

ZAGREBE, ZAGREBE!
Volim Zagreb, metropola je, volim Zagreb, jednostavan je.
Taj grad
svoju povijest ima
ona je pisana u knjigama i ostaje mnogima
koji će doći.
Priroda oko grada
daje mu prekrasan pejzaž, Jarun nas rashladi tijekom ljeta,
Sljeme čaroliju hladne zime daje.
Krajem godine grad svjetski je brand,
u njemu se održava Advent, puno ljudi u njemu tada biva,
i tada nam je grad prava idila!

LJUBAV

KAKO OPISUJEM LJUBAV
Sve žene
koje sam volio, umjesto ljubavi pisao sam im ljubavne balade koje su nosile
u sebi pravu istinu, ja sam to ispoljavao u suze koje su na papir padale
i padale, jer nisam mogao na drugi način
reći svoje osjećaje, nego kao kukavica pisao sam riječi
i zamotavao osjećaje u rolu papira,
jer mislim da je ljubav kao papir,
plane pa izgori tako je doživljavam možda zato
što još nisam pronašao pravu.

BEZ NASLOVA
Ljubav naša je kao rijeka
koja teče u beskraj, svake te noći čekam na starom mjestu,
da zaplovimo u naš svijet, jer jedino te tamo osjećam i doživljavam
takvu kakva jesi.

BOGINJO
Zagrli me jako i ne daj mi,
da odem, budi tu
kao prošle noći, svojim usnama me dotakni,
da ih osjetim kao da pijem s izvora vodu, pogled baci na mene,
da me zarobi
kao pred boginjom, da stojim i govorim, predajem se
u tvoj svemir koji kraja nema kao što ni
tvoja ljepota nikad, nikad prestati neće, jer si mi osvojila srce.

ČAROLIJA

Probudi me oko sedam, skuhaj kavu
stavi je na stol,
ja mamuran i snen gledam tvoje lice obasjano ljepotom.
Popit ćemo kavu
u tišini doma našeg, reći koju riječ
jedno drugome
pa se razići na koji sat.
Oko pola četiri doći ću u naš dom,
a ti me s osmijehom dočekaj, da osjetim toplinu
doma našeg.
Navečer kad padne mrak zajedno ćemo
jedno drugom nježnost pružiti, poljubac ću ti podariti
od kojeg će čarolija nastati.

DIVNA VEČER
Skuhala si kavu
od arome ugodna atmosfera i dok me gledaš u oči
ne moraš mi reći što hoćeš,
ja znam da smo nas dvoje jedno
i kako minute prolaze, usne se sklapaju,
a postelja čeka na nas, da zajedno
dočekamo jutro.

DRAGA
Draga, samo tebe sam volio,
draga, samo sam tebi srce svoje dao
Draga, znaj za mene bila si sve,
a sad ostavljaš me radi njega.
Sjetim se naše ljubavi koja je cvala
poput pupoljka ruže.
Otišla si
i gorko me povrijedila, jer si sa njim.
Ne tražim osvetu, već pijem
zbog tebe, zbog nas.

BARBIKA

Barbiko, Barbiko, lutko moja mala,
kad se sa tobom igram sretna sam ja tada.
Tvoja lijepa kosa, haljinica divna, cipelice tvoje,
ti si meni mila.
Tobom ja se igram skoro svakog dana, nikad nije dosadno, jer ja nisam
sama.
Voljet ću te ja
sve dok sam mala, a kada narastem pamtit ću te tada.

LAGALA SI ME

Volio sam te svim srcem i živio samo zbog nas,
a ti si otišla sa drugim zbog prijevare i laži.
To sam prebolio dosta teško
i samo Bog zna kako mi je bilo, ali sada sam jači od svega, jer želim
biti čovjek od leda.
Lagala si me godina dugo, ali to nije nikakvo čudo.
Lagala si me
sa drugim muškarcima, ali sad je kraj,
neću da čujem za tebe, znaj.

LJUBAV MI JE SVE
Ljubav mi je sve
i ne mogu bez nje, ljubav mi je sve k'o pijancu flaša, ljubav mi je sve k'o ptica jatu, ljubav mi je sve k'o lađa moru, ljubav mi je sve k'o svitanje u zoru.

MALENA
Ljubav je kad te imam, sreća kad si tu,
raduje me tvoj osmijeh, sjaj u očima,
miris na tijelu.
Tvoje ruke, dok me grle
kao malo dijete sam, tvoja ljubav
puno mi znači, jer probudi žar, požudu i čar.
Žena si koju čekam cijeli život svoj, živim za dan
kada ćeš biti moja, a ja tvoj.

MARICA I KATA
Bile prijateljice Marica i Kata imale su divne ogrlice oko vrata.
Uvijek su željele biti prave dame,
al' imale su stvarno neke čudne mane.
Kada bi u školu krenule one, uvijek su sanjale neke divne snove.
Stalno su pričale o jednom dečku, a svaka je imala ispletenu kečku.
A taj dečko zvao se Dino,
igrao je nogomet odlično i fino.
Jednog dana reče Kati Dino:

„Ti se meni sviđaš, neću više sa Maricom da se viđaš."
Kata će mu na to:
„Eto tebi lopta,
Marica mi je draža
i stvarno mi te dosta."

ODLAZIŠ
Odlaziš i ne govoriš mi
„zbogom",
odlaziš i ostavljaš me bez ikakvog razloga.
Ja se ne osjećam krivim ni zbog čega, tvoju sliku bacam,
al' u srcu si zauvijek tu
Odlaziš i ostavljaš me, ja se osjećam
kao gubitnik,
jer sam ti dao sve što si htjela
Odlaziš u ranu zoru, ali znaj, draga,
ovo nije poraz, nego pobjeda.

PRUŽAM TI LJUBAV
Šetamo ulicama zagrljeni, sami
i dok polako pada noć,
sretni smo u tami.
Svjetla grada sad se pale, ja i ti
likovi balade koja kraja nema, ljubav nam je glavna tema.
Pružam ti ljubav iz dubine srca, pružam ti ljubav do izlaska sunca.
Pružam ti ljubav, sebe ti dajem, pužam ti ljubav, moje je obećanje.

SAMO ONA JE TA
Crna kosa, vitko tijelo žena iz snova
koju sam dugo čekao s usana njenih
teku divne riječi od kojih se
moje srce cijepa, kad kod je pogledam trnci me prođu
i to se pretvara u pravi san
koji u stvarnosti ne prestaje, jer me je očarala
svojim karakterom, stilom i samo ona je ta
zbog koje živim ja.

SAMO ONA
Gledam je u oči tako je predivna žena od riječi, takva meni treba, da
me razumije, da me shvati,
a i ja nju,
jer samo ćemo tako funkcijonirati
i bit će nam predivno.

SAMO TEBI

Djevojko iz daleka, pišem ti ove stihove, da ti kažem
kako si lijepa.
Tvoj sjaj lica k'o u vile,
kosa leprša na vjetru k'o krila ptice u letu.
Osmijeh si pokazala prema meni
i odmah sam osjetio žar u srcu.
To je znak,
to je mali trag ljubavi i sreće, uspjeha za mene.
Do sada sam bio
most preko suhe rijeke, a od danas ti si rijeka što ispod njega teče.

SANJAM
Sanjam san iz kojeg se
ne želim probuditi, jer u njemu
svi su putovi posuti cvijećem.
Nigdje plača, nigdje tuge samo veselje
u beskraj odlazi.
Do neba ptica sliječe
na moje rame i donosi radosnu vijest, da zauvijek ću
ostati u tom snu.

SREĆA

Sreća je sloboda i mir.
Sreća je
kad si sretan
i zaljubljen u nekoga, kad cijeniš sebe,
a i druge.
Sreća je kad voliš
ono što radiš i kad te nitko ne sputava.
Sreća je mir u srcu i duši.

TRAŽIM TE

Svanuo je dan, polako se budim, postelja je prazna, volio bih da imam
barem malo ljubavi i žara.
Da ti kuham kavu, usne da ti ljubim pa da se opustim uz tvoje grudi.
Neće biti važno kako će to proći, jer želim samo
do tvoje ljubavi doći.
Tražim te već godina dugo, tražim te,
moja jedina tugo.
Tražim te, ljubavi jedina, tražim te, moja voljena.

ZAROBLJEN
Žena si,
ja muškarac, tvoja ljepota okove ima,
a ti takvu moć, da se osjećam zarobljen
u tvome kavezu iz kojeg nikad ne želim izaći.

ZORA

Svanula je zora i počeo je dan, a ti si tako neraspoložena.

Mala si k'o zvijezda na nebu što sja, kada dođe zora nastat će dan

i nemoj misliti, da je život siv, jer je zora svjetlo što doziva dan pa

ustani, pomoli se Bogu, On će čuti vapaj molbe tvoje.

Vjeruj u ljubav i bit ćeš sretna,

blistava k'o zora što suncem obasja dan.

ŽAR LJUBAVI
Stavila si ruku oko moga vrata, a kroz mene su prošli trnci.
Šapnula si mi riječi dvije
i začarala me cijelog.
Tvoj parfem opija, naslonio sam glavu na tvoje grudi.
Usne se sklapaju i tope kao led, ovo je zaista predivna noć.

DUH

61

ANĐELE, ČUVARU MOJ

*Ja sam grešnik teški pa se obraćam tebi, da me zaštitiš
od svakog grijeha, molim tebe i Boga, da me pratite
na svakom koraku kada padnem
ili dođem u kušnju, obratit ću se tebi moliti da me izbaviš iz ponora*
zla
*i opet povedeš Bogu i svojim krilima,
da me zaštitiš.*

ANTUNU PADOVANSKOM

Sveti Antune, ljiljane moj bijeli, grešne duše obraćam se tebi, godinama sam se tebi molio,

želje si mi ti uslišio,

dao si snage i ustrajnosti

od srca ti hvala, Antune Padovanski.

BADNJA NOĆ
Oko stola smo se skupili i u ponoć se pomolili,
slavimo rođenje našeg Spasitelja, malog Isusa Otkupitelja.
On je došao ove noći
pa ćemo na ponoćku poći, da slavimo Njegovo rođenje i svijetu otkupljenje.
Badnja noć se slavi u čitavom svijetu, jer je Isus došao na ovu planetu.
Badnja noć se slavi u obiteljima,
jer čekamo dolazak našeg Spasitelja.

PRVA BEZ NASLOVA
Tišina je oko mene... odbijam je,
jer su moje misli daleko odlutale i ne dam tišini, da me zarobi
pa pomislim
o prirodi, o ljudima
i svemu što me okružuje, a to je ovaj
šareni svijet
koji je pun radosti.
To je moje srce
u kojem živi nada
i duša ispunjena Duhom.

TREĆA BEZ NASLOVA
Na zidovima
od svijeće što gori njen plamen polako tinja
kao srce dobrog čovjeka.
Pogledam na prozor, mjesečina sja,
a crna mačka stazom hoda
i nestaje u mrak.
Sve ovo nije sjajno,
sve ovo ne vodi na lijepo, zato pravom stazom hodi, jer ipak će život
k´o svijeća izgorjeti.

BLAGOSLOV

Gospodine Bože, pogledaj na ovaj svijet koji polako propada, ja osjećam to,

a Ti sigurno ne pa te zato molim podari blagoslov ovom svijetu
i nama ljudima, svojoj djeci,
da se trgnemo u zadnji tren.

BOŽIĆNA NOĆ

U Betlehemu gradu štalica je mala zvijezda repatica svijetu put je dala.

U toj noći rodio se On, Isus mali, Spasitelj moj, da otkupi svijet
od svakog grijeha, da spasi svakog, baš svakog čovjeka.
Božićna noć, radujemo se svi, jer rodio se Spasitelj svijeta,
Isus mali, pastir moj, Isus mali,
Otkupitelj moj.
Božićna noć, slavimo je svi,
na ponoćku idemo, u srcu je slava
i dragom Bogu to je hvala.

ČOVJEK I BOG
Slika sam Tvoja tako si to htio
iz praha sam nastao i čiste duše
u život krenuo.
Ja i Ti jedno smo tijelo, prijatelji pravi
i razumijemo se,
od prirode zrak mi daješ, svijetlo od sunca
i moje srce za tebe kuca, jer znam da me čuvaš svakog trenutka i dana,
jer ja sam Ti,
a Ti si ja, ova Zemlja
postala je meni dom i zauvijek ću
ostati prijatelj Tvoj.

DRAGI BOŽE

Dragi Bože, Bože moj,
ja sam samo čovjek Tvoj Tvoje stvorenje, Tvoje biće, dijete Tvoje na
ovom svijetu.
Dao si mi život,
da ga živim pravo, ovaj svijet stvorio
i od grijeha me očistio.
Kada sviće jutro sa mnom si, kada padne noć u prisutnosti si.
Čuvaj me, dok hodam
po ovom svijetu, zato želio bih ja, da moja duša dođe Tebi u raj.

DUŠE SVETI
Ti si, Duše Sveti, tješitelj moj kada mi je teško
u dušu mi dolaziš, da je krijepiš.
To me tješi i smiruje svake noći prije, nego legnem
ja se tebi pomolim, jer znam,
da si ti sa mnom.
Kad kojom stazom pođem, ti ćeš me pratiti na putu života,
moram ti se obratiti, jer osjećam
nemir u svojoj duši, a ti ćeš doći,
da me utješiš
i dadeš mi snagu, vjeru i pouzdanje za život i mir duše moje.

GOSPO DRAGA

Gospo draga, posveti me, Gospo draga, usliši me, Gospo draga, obrati me,

Gospo draga, oslobodi me od zla, Gospo draga, povedi me na pravi put,

Gospo draga, kada hodam po trnju čuvaj me, Gospo draga, tvoje sam dijete,

Gospo draga, pozovi Duha Svetoga da me usliši, Gospo draga, obrati me svome sinu,

Gospo draga, zamoli Nebeskog Oca da me čuva, Gospo draga, ti si moja majka,

Gospo draga, očisti moju dušu od grijeha, Gospo draga, želim te vidjeti,

jer je moja duša željna spasa i opet ponavljam,

Gospo draga, ti si moja majka.

GOSPODINE ISUSE, PRIJATELJU MOJ

Gospodine Isuse, prijatelju moj, pjesmom se obraća Tebi vjernik tvoj,
vjerujem da ćeš mi pomoći,
iz pakla i tuge me izvući.
U Bibliji piše, da govorio si Ti:
„Kada vam je teško, obratite se meni, svi vjernici moji,
i ja ću vam tad pomoći."
Pa Te sada molim,
Gospodine Isuse, prijatelju moj, da ublažiš ovu bol u srcu mom, jer me
poput vjetra kida
ni po noći mira mi ne da.
Srce bi moje jako sretno bilo kad bi se sve to promijenilo,
osmijeh moj na licu pokazao bi to iz labirinta tuge, da sam izašao.
Pomozi mi sad, za to Te sad molim, vjera u Tebe u mom srcu gori,
molit ću se Tebi svake noći ja,
da me riješiš ovog tereta.

Ako postoji neka greška u meni, sad znam da to jedino Ti znaš pa Ti hvala iz dubine srca mog, Gospodine Isuse, prijatelju moj.

GOSPODINE, BOŽE MOJ
Puno sam propatio
i duša mi je ranjena, želim Ti se obratiti,
jer samo Tebi vjerujem,
u Tvoju moć i Tvoju snagu.
Na ovom svijetu
svi mi ljudi griješimo pa tako i ja,
ali ti znaš
sve moje greške i slabosti.
Pošalji mi svjetlo nade na put života,
da više nikad ne padnem u ruke sotone,
već me čuvaj i prati me
na putu mom.
Tada će biti lijepo, jer život je jedan taj koji si mi dao pa Ti hvala za
to,

Gospodine, Bože moj.

HVALA VAM

Čitav život tražio sam sebe, lutao bez cilja
k'o mazga neka lutalica, ali nakon svake kiše sunce dolazi
pa sada nalazim sebe
i shvaćam te saznajem tko sam, osim onih zlih ljudi
postoje ipak pravi ljudi, okolina prava
možda bolja,
nego vlastita majka i zato, velika hvala
ne znam kako da kažem,
srce tuče, suza od sreće dolazi, svanulo je sunce i za mene, hvala vama
i dragom Bogu, ipak sam shvatio što želim, hvala svima,
jer sada lakše nosim svoj križ.

ISUSE, HVALA TI

Hvala, Isuse, prijatelju moj, što si se rodio u štalici toj,
Tvoja Te je majka na svijet donijela i u štalici na slamicu položila.
Dok Ti pjevam ovu pjesmu, reći ću Ti hvala
što si svijet spasio od prokletog đavla.
Isuse, hvala Ti
što si na svijet došao, jer Tvojim rođenjem
i ja sam vjernik postao.
Isuse, hvala Ti
i vama, Marijo i Josipe,
Bože, blagoslovi Svetu obitelj, jer rodio se naš Spasitelj.

KRIŽ

*Poštuj, čovječe, sebe kako je određeno, tako ćeš morati, nekom je život
lagan, nekome nije,*
netko stalno plače, a netko se smije.
Različiti križ
svatko od nas nosi, hodaš nekad po trnju, a nekad po rosi.
Kada padneš pomoli se Bogu trgni se i reci:
„Ja dalje mogu."
Uz molitvu Bogu žrtvu i vjeru u njega nosit ću križ
sve do zadnjeg trena.

MARIJO MAJKO
Marijo majko,
svi smo mi tvoja djeca, tebi se utječemo
u molitivi i žrtvi, Crkva nas okuplja, da ti služimo
i tebi se obraćamo, da nas obratiš Bogu i Sinu tvome.
U svibnju i listopadu tvoji su mjeseci kada ti se molimo
i tebi služimo,
jer na mnogim mjestima ti si se ukazala
pa mi tvoja djeca obilazimo tvoja svetišta u molitvi za naš spas.

MARIJO, HVALA TI

Marijo, hvala ti, rodila si nama Spasitelja svijeta, Isusa, našeg Otkupitelja.

u Betlehemu gradu one divne noć
pa mi Božić slavimo i u crkvu ćemo poći.
Marijo, hvala ti što si rodila Isusa maloga,
jer tako je htio Bog, da na svijet donaseš Sina svog.
Marijo, hvala ti što se Isus rodi,
u Betlehemu gradu
za spas i slavu narodu.

MOLITVA

Evo, sad je pala noć,
ja na počinak moram poć' pa sad se molim Bogu ja, da blagoslov meni
dâ.

Da me čuva ovu noć, da mi dade miran san
i u jutro kad se probudim, da mi sretan bude dan.
Ljubav moja da jaka bude, da u meni mržnje nema,
a i nikakvih zdravstvenih problema.
I na kraju molitve reći ću sad ja:
budi volja Tvoja, a ne moja.
Ako tako mora biti, nek' i onda tako bude, al' pomozi meni,
da prebolim bol i tuge.

Daj mi nadu, daj mi snagu,
ljubav, volju i strpljenje i ispuni barem
dio moje želje,
jer sve ovo što sam rek'o iz moje je duše poteklo.

O, ISUSE MALI

O, Isuse mali, o, Isuse mali,
rodio si se u štali i na slamici oštroj
na ovaj svijet si došʼo.
Majka te je Tvoja položila tamo,
a Otac Te poslao i za nas odabrao.
Ti si pastir čitavog svijeta, naš Spasitelj sada i dovijeka pa Te mi za
Božić slavimo,
jer si nam za spas život podario.

OBITELJ SVETA
U Betlehem je pošla Obitelj sveta,
da bi Marija rodila Spasitelja.
U gradu za njih mjesta nije bilo pa se to u štalici na jaslama zbilo.
Sveti Josip, Marija i Isus Obitelj su sveta pa ih slavimo od pamtivjeka.
Obitelj sveta bila je i bit će uvijek
za Božić zajedno, a mi ćemo,
da ih slavimo.

OJ, MARIJO!

Oj, Marijo, djevice, ti nebeska kraljice, rodila si sina, našeg Spasitelja.

Na Božić to je bilo, u ponoć to se zbilo u jasle si ga položila na slamici oštroj.

Anđeli su ti pjesme pijevali
i Njegovo rođenje navještali, a to je svijet razveselilo,
što se Isus rodio.

Oj, Marijo, hvala ti, oj, Marijo, slava ti, jer si divna,
rodila si svoga Sina.

OTVORI MI VRATA

Otvori mi vrata, dobri Bože,
jer želim zaboraviti sve grijehe svoje.
Otvori mi vrata, da izađem van pa da moja duša
ugleda sunčan dan.
Želim se promijeniti i Tebi se vratiti,
jer Ti si mi
svjetlo na kraju tunela.

PJESMA
Kad je stvaram, to izlazi iz duše
ona ima razne teme: ljubavne, o Bogu
i prirodi, nekad u jutro, nekad u noć napišem stih
i sretan sam zbog toga, jer pjesma mi je sve.

PJEVAJTE, ANĐELI
Mali anđeli
oko štalice pjevaju,
Isusovo rođenje navještaju.
Njih je poslo Otac Bog na rođenje Sina svog, da navijeste divnu vijest
u Betlehemu rodio se On, mali Isus, čovjek i Bog.
Pijevajte anđeli, lijepe pjesme
na slavu Isusova rođenja, za spas svijetu
ljudskog obraćenja.
Pjevajte, anđeli, divne note
kad Badnjak slavimo i Božiću se radujemo.

PRESVETO TROJSTVO

Presveto Trojstvo čine i osobe su tri:
Otac, nebeski Stvoritelj,
Isus, naš Spasitelj
i Duh Sveti, Prosvijetitelj.
U Bibliji piše na početkom samom,
Otac nebeski stvori čovjeka na sliku svoju
i dade mu planetu ovu.
Od tolikih grijeha nastala je tama,
ali dođe Isus Spasitelj i donese svjetlo nama.
U obliku ptice
sa neba siđe Duh Sveti i plamenom vjere
on nas prosvijetli.
Presveto Trojstvo tu je sa nama kada je svjetlo i kada je tama, uz nas
je kroz život cijeli,
zato idimo pravim putom, vjerom i nadom svom,
da nam duša ode
u naš nebeski dom.

RASKRŠĆE

Na dva sam puta ne znam kuda poći, kome sam zgriješio a suze teku
same niz oči.
Život mi je samo patnja, život je moj težak križ koji nosim,
ali vjerujem Bogu.
Da, neće biti lako pa valjda ću i ja svoju sreću naći, pa valjda će i Bog
sa mnom
jednom upravljati i povesti me
na pravi put, jer to bih
od srca želio.

RODILA SI SPASITELJA

*U Betlehemu one divne noći Marija je rodila malog Isusa, moga
Spasitelja i Otkupitelja.*

U štalici na slamicu ga stavila, u jaslice položila,
lijepo nježno dojila i odgojila.
A pastiri za to su znali kada im se anđeo ukazao i tu slavu objavio,
oni su odmah pohitili
do Spasitelja, našeg Otkupitelja.
Sveta tri kralja darove su donijeli
i Spasitelju ih poklonili.
On je došao, da nas otkupi,
i slavu svoju da objavi jer je poslan od Boga, Oca moga i svoga.

RODIO SE PASTIR NAŠ
U štalici, na slamici položi ga ona,
Isusa pastira moga.
Pastiri su čuvali svoje stado kada im se anđeo ukazao.
I objavio divnu vijest, da se rodio pastir naš, Isus, nama na spas.
Rodio se pastir naš u Betlehemu gradu, narodu svom
za spasenje i slavu.
Rodio se pastir naš od djevice Marije zato mi njemu pjevamo arije.

SLAVIMO BOŽIĆ

Rođenjem tvojim, mali Isuse, slavimo Božić, rođendan tvoj.
Svi narodi raduju se tome i kite bor
u domu svome.
Na ponoćku idu u crkve svoje, da slave Božić
predivne noći ove.
Slavimo Božić
u našim obiteljima i rođenje
našeg Spasitelja.
Slavimo Božić
u čitavom svijetu, jer to je blagdan
narodu za otkup i spas.

SVETI NIKOLA
Sveti Nikola,
ja te sada molim u čizmicu mi stavi vrećicu bombona i puno slatkiša,
to je želja moja, jer sam bio dobar čitavu godinu,
a i nekada zločest, zato ću se noćas pomoliti tebi,
da dobijem to i ne činim više pogreške i zlo.

ŠTALICA MALA
U štalici maloj,
u toj Badnjoj noći položen je Isus kad je htio doći.
Na ovaj svijet
majka Ga je donijela, sa Josipom svetim
u Betlehem hodila.
Nijh troje u štalicu su došli, tad se rodio Spasitelj u noći, anđeo Gabrijel pjevao je arije nad štalicom malom
punom nostalgije.
A pastiri kada to su čuli, odmah su u štalicu malu došli posjetiti Spasitelja,
Isusa Otkupitelja.

U TVOJIM RUKAMA
Samo se Tebi obraćam sada i želim Ti reći
za sve Ti hvala,
iz ponora na vrh dolazim,
u Tvojim rukama sam siguran, jer Ti si, Bože,
sve na svijetu, moj jedini korak, moj jedini stup
i kad god sam pao
ruke su Tvoje dotakle mene i vodile me pravom putu, putu spasenja.
Dao si mi novu šansu,
iz svojih ruku mi je daješ, zato ću se moliti Tebi kada sviće jutro
i kada pada mrak od srca Ti hvala, prijatelj si drag.

RECENZIJA ZBIRKE POEZIJE „PEJZAŽ, LJUBAV, DUH" ZVONIMIRA LEŠIĆA

Pjesme koje nam je darovao pjesnik Zvonimir Lešić svojom drugom zbirkom „Pejzaž, ljubav, duh" govore nekim svojim posebnim jezikom kao kad je jedan svetac pričao sa pticama, tako se i ove pjesme čitaju posebnom pažnjom i posebnim osjećajem, jer ovaj Pjesnik govori dušom, a ne običnim razgovorom i razigran je kao dijete, da bi već u sljedećoj pjesmi ozbiljno progovorio o ljubavi, sreći, tuzi, Bogu, napuštenosti.

Dok sam čitala Pjesnikove pjesme, moram priznati kako su me najviše dotaknuli njegovi duhovni stihovi koji su toliko seriozno istkani pred naše oči, da sam jednostavno u sebi poklonila posebnu pozornost toj poeziji. Pjesnik se obraća svakome od nas, on nas svakog zove i Pjesnik je svakome od nas prijatelj. On je jedna bezazlena duša koja radost života nalazi u pjesmi, glazbi, umjetnosti, to je osoba koja će nas iznenađivati svojim šaljivim, ali i vrlo serioznim stihovima.

Pjesnik vjeruje samo u ono za što mu je srce otvoreno i samo u ono što ga dozove i zaustavi, da ostane cijeli život uz to. Pjesnik vjeruje u ono čemu zahvaljuje za svaku minutu svog života koja polako teče, za ovaj sat života koji polako prolazi, za ovaj dan što je došao i odlazi, za ovo ljeto koje je sada ovdje i više kao takvo nikad biti neće, jer doći će drugačije ljeto, drugačiji će i on biti i vjeruje, da je poezija sjajna zvijezda što na nebu sja.

Jadranka Varga, pjesnikinja,

Sadržaj:

Zvonimir Lešić
PEJZAŽ, LJUBAV, DUH

103